Le più belle ciaspolate per tutta la famiglia

15 Percorsi con le ciaspole a poca distanza dalle grandi città

Note dell'editore

Non posso finire di ringraziare i miei genitori e l'ambiente in cui sono cresciuto, che mi hanno fatto conoscere, apprezzare ed amare la natura e la montagna in particolare. Le domeniche d'inverno mi piace passarle in montagna sulla neve con gli sci ai piedi, possibilmente sci di fondo con i quali attraversare boschi e bianche distese immacolate. Ma anche gli sci da discesa vanno bene: l'aria fredda e la fatica nelle gambe procurano quella gradevole sensazione che difficilmente riesci a spiegare a chi non è pratico. Il centro commerciale invece la domenica pomeriggio mi procura una grande tristezza!
L'amore per la montagna si sposa bene all'attività fisica: fare movimento nell'aria frizzante e conquistarsi "un pezzo di cielo" salendo una cima con le proprie forze ci avvicina alla natura, ci insegna cose che difficilmente potremmo imparare dalla televisione o dai libri.

Quasi per caso qualche tempo fa, mi è capitato di provare ad utilizzare le ciaspole per muovermi sui pendii montani innevati. E' stata una gradevole scoperta: un approccio ancora diverso rispetto alla pratica dello sci. La ciaspola (o racchetta da neve, che dir si voglia), permette di assaggiare la montagna con uno spirito alternativo a quello dello sci. Già lo sci di fondo ha trovato molti adepti per la sua apprezzata caratteristica di

permettere l'attraversamento di vaste distese, in mezzo a boschi e campi innevati, in una (quasi) totale solitudine e a stretto contatto con la natura. Rispetto allo sci alpino, lo sci di fondo ci regala la sensazione di essere più autonomi: ci muoviamo solo con le nostre forze, senza l'ausilio di mezzi di risalita, sia in discesa che in salita. Ma, se già rispetto allo sci alpino il fondo ci svincola da tutta una serie di "legami", la ciaspola è la massima espressione della libertà. Per esperienza, negli anni ho capito che il fondo viene praticato da due tipi di persone. Lo sportivo, che trova con gli sci stretti ai piedi il modo di confrontarsi con sé stesso e gli altri. Si allena con lo spirito di chi ogni volta vuole "limare" qualche secondo al tempo di percorrenza di un dato anello. E lo fa in un ambiente naturale bellissimo che ne esalta le prestazioni. L'altro è il "rilassato", il camminatore, che mette gli sci ai piedi per raggiungere la pace in mezzo ai boschi. Giunto in un posto suggestivo si ferma ad ammirare il paesaggio, ad ascoltare il cinguettio degli uccelli, ad "annusare" gli odori della natura. Poi continua lentamente con il passo alternato fino al compimento del suo giro. Ecco, quest'ultimo tipo di fondista è il maggior candidato a diventare appassionato delle ciaspole. Le racchette da neve infatti esalteranno tutto ciò che egli stava cercando con la pratica dello sci di fondo. Ecco spiegato con pochi concetti cosa sono le ciaspole. Posso solo aggiungere alcune fondamentali caratteristiche, che porteranno sicuramente sempre più appassionati a scoprire questa bella pratica:

- *La ciaspola è un attrezzo "democratico". Se la pratica dello sci alpino, tra attrezzatura e skipass è divenuto proibitivo a livello di costi (lo sci*

di fondo lo è molto meno ma resta pur sempre costoso), la racchetta da neve ha un costo veramente accessibile. Potremmo dire che il prezzo per un paio di ciaspole è in media paragonabile al costo di un paio di scarpe;

- *Per la pratica non siamo legati ad un centro fondo o peggio, agli impianti di risalita. Ci basterà raggiungere una qualsiasi zona innevata di nostro interesse (con le attenzioni di cui parleremo in seguito);*
- *Se il nostro scopo è quello di fuggire dal traffico e dai rumori, la ciaspola ci permette di evitare anche quel minimo contatto con altri praticanti che avremmo nel caso dello sci di fondo;*
- *Saremo noi stessi a decidere distanza, grado di difficoltà e tutto quanto è relativo al nostro percorso (d'altra parte ne dovremo anche prendere consapevolmente le responsabilità, consapevoli della nostra forma fisica e conoscenza della montagna);*
- *A differenza dallo sciatore, uno scarso innevamento non ferma l'escursionista con le ciaspole, che riuscirà facilmente a superare tratti meno innevati, allungando così la stagione ben oltre quella abituale degli sciatori.*

Scopo di questo libro è dare al lettore qualche "dritta" su luoghi adatti alle ciaspole nei dintorni delle principali città, con utili indicazioni riguardanti i percorsi da seguire, l'orientamento, i gradi di difficoltà, i rischi da evitare.

Sicurezza in montagna

PREVENZIONE, regole base per una maggior sicurezza in montagna

Non sottovalutare mai i pericoli ed i rischi connessi allo svolgimento di una gita in montagna, soprattutto d'inverno.

Mettere sempre in preventivo possibili rapidi cambiamenti del tempo, difficoltà dell'itinerario.

Affrontare un'escursione in montagna significa anche essere in grado di valutare le proprie condizioni fisiche in rapporto all'impegno richiesto dall'itinerario che si è scelto: evitare perciò di affrontare itinerari al di sopra delle proprie capacità tecniche e di preparazione fisica.

E' sempre preferibile affrontare almeno con un accompagnatore percorsi in luoghi isolati. Se si decide di andare da soli informare sempre qualcuno con precisione dell'itinerario che si intende percorrere e dei tempi approssimativi necessari.

Informarsi adeguatamente sulle caratteristiche e difficoltà del percorso e studiarlo preventivamente sulle carte topografiche.

Informarsi preventivamente sulle condizioni meteorologiche; in particolare richiedere le previsioni meteorologiche locali perché le informazioni a carattere nazionale non sono sufficientemente particolareggiate.

Avere abbigliamento adeguato: evitare le scarpe da ginnastica, portare sempre (anche) capi pesanti, giacca a vento ed un cambio di biancheria nello zaino.

Preferibilmente scegliere un abbigliamento con tessuti traspiranti. Le calzature devono essere scarponcini da montagna impermeabili e traspiranti (no dopo-sci tipo Moon Boot, ecc...)

Avere sempre al seguito, alimentazione energetica e liquidi di scorta.

Numeri telefonici del Soccorso Alpino:

Numero generale 118

Soccorso Alpino Belluno: tel. **043 733964**
Soccorso Alpino Verona: tel. **045 575219**
Soccorso Alpino Vicenza: tel. **044 5780222**
Soccorso Alpino Brescia: tel. **030 3758650**
Soccorso Alpino Bolzano: tel. **047 1285444**
Soccorso Alpino Trento: tel. **046 1 233166**

Come chiedere aiuto al soccorso Alpino

- *Raggiungere il più vicino* **POSTO DI CHIAMATA** *e comporre il numero telefonico:* **118**
- *Richiedere espressamente che venga allertata la Stazione di Verona del C.N.S.A.S.*
- **Dare le proprie generalità e inoltre comunicare:**
  - *Il luogo da dove si chiama ed il numero telefonico di tale recapito*
  - *Il luogo, il tipo e la gravità dell'incidente*
  - *Il numero di persone coinvolte*
  - *Le condizioni metereologiche presenti*

RICORDATEVI
E' fondamentale per il buon esito dell'intervento di soccorso che le informazioni siano date con la massima precisione e... non muovetevi dal "posto di chiamata"

SEGNALI INTERNAZIONALI DI SOCCORSO

Abbiamo bisogno di aiuto

Non serve aiuto

118

Rispetta sempre la montagna

1.

Il percorso in breve

Luogo di partenza: **Baita Camol - Strada Generale Giardino - Borso del Grappa (VI) m. 1230**

Altitudine: **tra 1325 m e 1775 m**

Distanza: **km 12**

Dislivello: **m. 550**

Tempo di percorrenza: **h. 5,5**

Difficoltà: **Alta. Solo per escursionisti esperti**

Punti di appoggio: **Rifugio Bassano. Aperto tutto l'anno (chiusura il martedì). Tel. 0423-2053101**

IL MONTE GRAPPA

Sulle tracce della Grande Guerra

« Arsiero, Asiago, e quanti altri ancora, piccoli paesi di confine, nei giorni dell'anteguerra, Monte Grappa, Monte Corno, e molti altri ancora, non è che contavate molto nei giorni della dolce pace ». Certo esagerando, ma è così che Ernest Hemingway esprime correttamente il concetto che la dice lunga su quanto fossero "enormi" in tutti i sensi le tracce lasciate in questi posti dalla Prima Guerra Mondiale.

Per le sue vicende storiche legate alle cruente lotte durante la Grande Guerra infatti, il Monte Grappa è un termine noto a molti. A differenza di altre località solo più blasonate, è invece molto meno conosciuto sul campo, molto meno "praticato". Sarà per l'assenza di impianti di risalita o forse per quell'aspetto brullo, che da lontano lo presenta quasi arido, il Grappa rimane relegato ai margini delle attività sportive invernali, delle escursioni, delle ciaspolate. Eppure è una cima che presenta molti aspetti che dovrebbero favorire una maggiore considerazione, a partire dalla relativa vicinanza con alcune grandi città e la quiete dovuta al fatto di non essere presa d'assalto come altri luoghi giudicati (erroneamente) più adeguati.

Come giungere al luogo di partenza

Distanze da:

Bolzano	km 156
Trento	km 100
Verona	km 115
Vicenza	km 57
Padova	km 65
Treviso	km 61
Venezia	km 86
Belluno	km 80
Mantova	km 155
Brescia	km 180

Il Monte Grappa (massima altitudine m 1775) è parte delle Prealpi Venete ed è collocato a Nord della Provincia di Vicenza, a far da confine con le Province di Treviso e Belluno. Baita "Cà Mol", nostro punto di partenza, si raggiunge senza difficoltà in macchina. Da sud-ovest e Vicenza, si percorre l'autostrada A31 della Valdastico fino al casello di Dueville. Poi si segue per Marostica e Bassano. Da qui, seguire le indicazioni per "Romano d'Ezzelino" e poi "Crespano del Grappa". Subito dopo Romano d'Ezzelino svoltare a sinistra in Via Chiesa in direzione di Cima Grappa. Con parecchi tornanti e 1000 m di dislivello, passeremo Campo Croce e poco dopo giungeremo a Baita Camol. Da Trento e Bolzano, per arrivare a Bassano si percorre la Valsugana. Da Treviso si arriva a Bassano passando per Montebelluna. Da Belluno si deve passare per Quero, Valdobbiadene, poi girare attorno al Monte Grappa e risalire da Romano d'Ezzelino.

Il percorso

Partiamo da Baita Camol ad una altitudine di m 1230. Imbocchiamo il sentiero segnalato con il n. 100 e saliamo sul Monte Legnarola (m 1325). Continuiamo a camminare con pendenza costante per arrivare ai Monti Colombera (m 1450) e Meda (m 1630). Il nostro cammino è accompagnato da stupende viste panoramiche sul paesaggio sotto di noi: riusciamo a vedere i Colli Euganei, i cui coni vulcanici spuntano come funghi dalla pianura tutt'attorno piatta e, più a est la Laguna di Venezia. Tutto il nostro percorso è caratterizzato dalla conformazione della montagna che stiamo salendo: il Monte Grappa si presenta come un panettone brullo, con pochissimi alberi che spuntano qua e la dalla neve. Sembra un paesaggio lunare. Come se le sofferenze patite dai tanti soldati durante il Primo Conflitto Mondiale, dovessero essere ricordate con un territorio aspro, poco accogliente. Passato il Monte Meda, resta da affrontare l'ultima salita, la più dura, che ci porterà sulla vetta (m 1775). Qui, quasi a volerne correggere il profilo, l'imponente Sacrario ci si presenta in tutta la sua maestosità. Sarà per la fatica, per il

freddo, ma l'atmosfera è veramente impressionante. I pensieri tornano immancabilmente a quei poveri soldati di entrambi i fronti che qui, come in altri luoghi vicini, hanno sofferto mesi di guerra di trincea con temperature bassissime e sotto la pioggia costante dei bombardamenti. E il massiccio monumento che il sole del pomeriggio rende ancora più misterioso, è li adagiato per testimoniare delle migliaia di soldati che su questo monte hanno perso la vita. Salendo i gradini in un clima agghiacciante, ecco la scritta che campeggia scolpita a caratteri cubitali nella pietra: "Gloria a Voi soldati del Grappa". Oltre ai caduti della Prima Guerra, qui su vengono ricordati anche gli antifascisti della fine della Seconda Guerra Mondiale, i "Partigiani del Grappa". Più di mille furono trucidati in questi luoghi dai nazisti e una statua di bronzo (il "Monumento al Partigiano) fu eretta in loro memoria.

Scuotendoci dallo stato in cui ci hanno trasportato i nostri pensieri in questo luogo, calziamo nuovamente le ciaspole e ci dirigiamo al vicino Rifugio Bassano che si trova un poco a destra del Sacrario. Ad attenderci un piatto caldo e un vin brulè. Cominciamo la discesa seguendo brevemente la strada asfaltata fino a quando, poco sotto il Sacrario, incrociamo a destra le indicazioni per i sentieri 80 e 100, che imbocchiamo seguendo la direzione di Val di Poise, sulla destra di Cima Pellizzari (incontreremo una costruzione di colore giallo e una chiesetta). Per via della neve le indica-

zioni sono spesso "invisibili", quindi dobbiamo fare molta attenzione a non perdere l'orientamento. Nostro prossimo punto di riferimento è "Osteria Vecia", che incontreremo più avanti sempre rimanendo sul sentiero nr. 80. Ormai siamo scesi parecchio e ci troviamo ad una altitudine di 1260 metri. Dopo Osteria Vecia lasciamo il sentiero nr. 80 ad un bivio in cui prenderemo a sinistra un sentiero piuttosto largo che si dirige verso il bosco e che poi incrocerà nuovamente la strada asfaltata che sale a Cima Grappa che ci porterà al punto di partenza di Baita Camol.

L'Ossario del Monte Grappa

2.

Il percorso in breve

Luogo di partenza: **Prada bassa di San Zeno di M.(m. 910) in prossimità del Ristorante Cacciatore**

Altitudine: **tra 930 m e 1850 m**

Distanza: **17 km**

Dislivello: **920 m**

Tempo di percorrenza: **da 3,5 h**

Difficoltà: **bassa**

Punti di appoggio: **Rifugio Fiori del Baldo (m 1850)**
Tel. 045.6862477

MONTE BALDO

Da Prada per ammirare il Lago di Garda

Notissimo tra i turisti di mezza Europa per essere il "massiccio che sovrasta il Lago di Garda", divenendone classica meta nelle giornate estive di afa insopportabile, il Baldo offre straordinarie escursioni su fondo innevato d'inverno. Unendo le spettacolari vedute sul grande bacino lacustre, l'escursione con le ciaspole sul Baldo può diventare un'esperienza indimenticabile.

La spettacolare vista sul Lago di Garda dal Monte Baldo

Il Monte, il cui nome "Baldo" deriva dal tedesco "Wald", si estende seguendo parallelamente la dorsale del Lago di Garda sul suo versante orientale per oltre 40 chilometri tra l'abitato di Caprino Veronese a sud e la Valle di Loppio a nord, unendo due Regioni, il Veneto e il Trentino Alto Adige. Nel suo punto più alto raggiunge un'altitudine di 2.218 m.

Come giungere al luogo di partenza

Prada (per l'esattezza "Prada Bassa"), il punto fissato per la partenza dell'escursione, è raggiungibile facilmente dal casello autostradale di Affi posto sulla A22 del Brennero, 20 km a Nord di Verona. Seguendo le indicazioni per Garda e Costermano prima e, per San Zeno di Montagna poi, supereremo senza problemi il dislivello di ca. 800 metri necessario per giungere a Prada (altezza 933 m. S.l.d.m.). Distanza totale dal casello: km 20,5

Distanze da:

Bolzano	Km 30
Trento	Km 80
Verona	Km 45
Mantova	Km 77
Brescia	Km 82
Vicenza	Km 99
Padova	Km 135
Treviso	Km 171
Venezia	Km 161
Belluno	Km 250

Il percorso

Si parte da Prada Bassa nella vicinanze del Ristorante al Cacciatore. Nelle prossimità vi è una stradina che sale verso la montagna (fare attenzione ad un cartello bianco con le indicazioni per il Rifugio Fiori del Baldo). Ci troviamo ad una altitudine di ca. 930 m. La strada è asfaltata ma ora è completamente coperta di neve. Dato il clima mite della zona, molto spesso la neve non attecchisce se non più in alto. Dovremo in questo caso camminare per qualche centinaio di metri "ciaspole in spalla". Dopo poche centinaia di metri lasciamo dietro di noi le ultime case dell'abitato di Prada e ci inoltriamo nel bosco. Il percorso prevede diversi tornanti e, dopo 5 km giungiamo ad una radura situata a ca. 1300 m. di altitudine.

Una sbarra impedisce agli autoveicoli di proseguire, ammesso che con neve e ghiaccio riescano ad arrivare fin qui d'in-

verno. Continuiamo sul tracciato della vecchia strada militare, che ora è sterrata, anche se per noi, vista la neve, non fa differenza. Cominciamo a godere della bella vista sul Lago di Garda e sulle cime innevate dalla parte opposta. Camminiamo ora quasi sul crinale: sulla nostra sinistra la vista sul Lago di Garda e sulla destra, a qualche decina di metri, la vista spazia sulla Valle dell'Adige e fin sulla catena della Lessinia.
Il nostro percorso è, in questa seconda parte, in salita e tutto dritto, senza più tornanti o curve. Dopo aver camminato per esattamente 10 chilometri giungiamo al Rifugio Fiori del Baldo (m 1850), punto d'arrivo dell'impianto di risalita che parte in due tronconi, da Prada. Il rifugio è stato ricostruito nel 1994 sui resti del preesistente Rifugio Cornetto, distrutto da una tromba d'aria dieci anni prima. Con il bel tempo la vista da qui spazia sulla Val Padana e in certi giorni fin al Mare Adriatico.
Per il ritorno a Prada scendiamo ora direttamente seguendo gli impianti di risalita. Giunti alla partenza degli impianti svolteremo a sinistra sulla strada per Garda e giungeremo dopo poche centinaia di metri al nostro punto di partenza.

3.

Il percorso in breve

Luogo di partenza: **Lago di Misurina presso gli impianti di risalita**

Altitudine: **tra 1750 m e 2320 m**

Lunghezza percorso: **11,5 km**

Dislivello: **570 m**

Tempo di percorrenza: **5 h**

Difficoltà: **media**

Punto di appoggio: **Rifugio Angelo Bosi (m 2205) Tel. 0435 39034 Aperto durante i fine settimana**

MONTE PIANA

Dal Lago di Misurina al Monte Piana

Il Lago di Misurina, che si trova nel comune di Auronzo, è il più grande lago del Cadore. Negli anni ha ispirato molte leggende, come ovunque nei posti di montagna. L'uomo non si spiega la bellezza e al tempo stesso la crudezza della natura: le montagne, i laghi, l'immensità del cielo. Vi è bisogno di dare una spiegazione a ciò che per il cervello umano non sempre è comprensibile. Così nascono storie, favole, leggende. Di re, principesse,nani, maghi, orchi, che vivono nei boschi e sui monti. Monti che una volta sono descritti come inespugnabili castelli di ghiaccio e altre sono caldi giardini

di rose di un rosso talmente intenso ("enrosadira") da far cambiare il colore alle rocce, alla neve, alla montagna intera... Che bella la vita di montagna, soprattutto d'inverno quando la neve copre gli immensi prati e li trasforma in candide distese immacolate. E' così che si presentano i luoghi attorno al Lago di Misurina d'inverno: sono luoghi incantati. Ci troviamo ad un'altitudine di 1750 m., a metà strada tra Dobbiaco e Cortina, due perle delle Dolomiti. Due paradisi per la pratica degli sport invernali. Di qui passa la mitica Dobbiaco-Cortina, con gli sci ai piedi d'inverno, in sella alla bicicletta d'estate.

Come giungere al luogo di partenza

Misurina si raggiunge da Cortina sulla statale 51 dopo aver percorso l'autostrada A27 fino a Ponte nelle Alpi e aver proseguito per Calalzo (per chi viene da sud). Provenendo da Bolzano, si percorre l'autostrada A22 fino a Bressanone e poi tutta la Val Pusteria fino a Dobbiaco.

Distanze da:

Bolzano	km 120
Trento	km 170
Verona	km 265
Brescia	km 308
Mantova	km 300
Vicenza	km 200
Padova	km 200
Treviso	km 140
Venezia	km 170
Belluno	km 82

Il percorso

Il luogo di partenza è presso gli impianti di risalita che si trovano in prossimità del Lago di Misurina. Lasciamo la macchina al parcheggio, all'inizio della strada che conduce al Rifugio Auronzo. Seguiamo le indicazioni per Monte Piana. Il percorso segue la strada comunale parzialmente asfaltata

ma ora completamente innevata che ripercorre il suggestivo e tortuoso itinerario dell'originale strada militare della Grande Guerra, parzialmente scavata nella roccia con immani sforzi. Il percorso si fa subito molto ripido per ca. un chilometro. Poi la pendenza diminuisce, pur rimanendo l'ascesa sempre faticosa. Durante la camminata avremo il tempo di pensare alle fatiche e ai sacrifici dei soldati durante la Guer-

Il Lago di Misurina e le Tre Cime di Lavaredo

ra: il Monte che stiamo salendo è stato teatro di alcune delle più cruente battaglie durante la Prima Guerra. Qui persero la vita oltre 14.000 soldati. Ad essi è dedicata la Cappella degli Eroi, situata all'interno del Rifugio Bosi, che raggiungeremo dopo aver percorso oltre 4,5 chilometri di intensa camminata nella neve. Dedicato al Maggiore Angelo Bosi, il Rifugio è situato a 2205 m di altitudine, ma non ancora in cima alla montagna. Nei giorni di apertura invernale (solo i fine settimana), potremo usufruire dei servizi di ristorazione oltre ad avere la possibilità di visitare un piccolo museo privato custodito all'interno del Rifugio. In esso sono conservati reperti della Prima Guerra Mondiale.

Si riparte per la cima del Monte Piana (in guerra si è chiamato "Monte Piana" il pianoro sud e "Monte Piano" il pianoro nord), che verrà raggiunta con una camminata di ulteriori 30 minuti. Avremo percorso in totale ca. 5,7 chilometri dal nostro punto di partenza sul Lago di Misurina. Dalla cima godremo di uno dei più bei panorami delle intere Dolomiti: le montagne di Auronzo e di Cortina, le Tre Cime di Lavaredo, il Sorapiss, il Cristallo, la Croda Rossa... Dopo aver percorso un tratto della dorsale (ci troviamo ora praticamente sul confine con l'Alto Adige), torniamo al Rifugio Bosi e scendiamo per la stessa strada dell'andata fino al Lago di Misurina.

4.

Il percorso in breve

Luogo di partenza: **Pian delle Fugazze (Trento)**

Altitudine: **tra 1160 m e 1929 m**

Lunghezza percorso: **22 km**

Dislivello: **770 m**

Tempo di percorrenza: **5 h**

Difficoltà: **alta-solo per esperti**

Punto di appoggio: **Rifugio Generale Papa (m 1929)**
Tel. 0445-630233 / 328-0339538 Quando d'inverno il Rifugio è chiuso, è aperto invece il Bivacco Marzotto-Sacchi

IL MONTE PASUBIO

La Strada degli Eroi

La "Strada degli Eroi" è uno dei percorsi più popolari dell'intero arco alpino e giustamente definito in assoluto uno dei più belli. Oltre all'interesse naturalistico e paesaggistico, l'escursionista si ritrova immerso in un luogo in cui la storia ha lasciato le sue tracce in modo crudo e indelebile. Il Pasubio fa infatti parte di quei luoghi dove, durante la 1° Guerra Mondiale, si combattè la famosa "Guerra di postazione". Una guerra di trincea di indicibili sofferenze per chi l'ha combattuta. Soldati italiani ed austriaci si ritrovavano di fronte a distanza spesso di poche decine di metri: il nemico non era solo rappresentato dai cecchini di parte opposta ma anche e soprattutto dal clima che d'inverno, a oltre 2.000 m. d'altitudine, rendeva

la sopravvivenza stessa un azzardo. La strada che percorreremo è stata scavata nella roccia dall'esercito italiano (Genio Zappatori) per giungere alle sommità del Monte

Pasubio. Il nome ("degli Eroi") deriva dal fatto che sulle pareti rocciose, lungo gli ultimi due chilometri del percorso (la vera "Strada degli Eroi". Per estensione oggi si definisce così tutto il percorso da Pian delle Fugazze al Rifugio Papa) sono state collocate delle targhe in onore alle Medaglie d'Oro al Valor Militare che combatterono lassù durante la 1° Guerra Mondiale. Dicevamo degli ultimi due chilometri: sono i più spettacolari, per la presenza di gallerie scavate nella roccia e per gli strapiombi mozzafiato a lato della strada.

Come giungere al luogo di partenza

Distanze da:

Bolzano	km 111
Trento	km 58
Verona	km 100
Brescia	km 136
Mantova	km 128
Vicenza	km 45
Padova	km 87
Treviso	km 136
Venezia	km 119
Belluno	km 135

Per chi arriva da VERONA/MANTOVA: percorrere l'autostrada A/22 del Brennero in direzione nord fino al casello di Rovereto Sud. Seguire per Rovereto e poi subito prima dell'abitato seguire per Vicenza. Si percorre la Vallarsa, valle stretta e tortuosa che collega Rovereto con Schio e la Provincia di Vicenza. Subito dopo il Passo Pian delle Fugazze si passa in territorio Veneto e la Strada degli Eroi parte proprio sul confine tra le due Regioni. Sulla destra c'è un parcheggio per le macchine.

Per chi proviene da VENEZIA: percorrere l'Autostrada della Valdastico fino all'uscita "Thiene/Schio" e poi seguire per Schio. Da Schio seguire le indicazioni per Rovereto. Il punto di partenza è posto poco prima del Passo Pian delle Fugazze, sul lato destro della strada.

L'ultimo tratto della Strada degli Eroi

Il percorso

Cominciamo subito col mettere in guardia chi volesse intraprendere questo bell'itinerario. Pur non essendoci particolari difficoltà intrinseche nel percorso, l'ultima parte presenta dei passaggi critici quando, come spesso accade d'inverno, il fondo è molto ghiacciato. Informarsi quindi preventivamente sullo stato del percorso o comunque non insistere una volta arrivati dopo la Galleria d'Havet e constatata la presenza di troppo ghiaccio. Transitare con il fondo ghiacciato significherebbe rischiare seriamente di precipitare nel profondo burrone sulla destra della pur larga, strada.
La "Strada degli Eroi" parte dalla carrabile Rovereto-Schio (SS46) praticamente sul confine tra le province di Trento e Vicenza, qualche centinaio di metri dopo il Pian delle Fugazze. Un cartello giallo posto sulla sinistra (per chi viene da Rovereto) indica con precisione il punto di partenza. Con lo zaino in spalla infiliamo le ciaspole e partiamo. La strada è larga e d'estate permette il transito di soli veicoli fuoristrada

(il transito è comunque vietato. Solo d'estate vi è un servizio di bus navetta che porta gli escursionisti fino alla galleria d'Havet, da dove iniziano i due km della "vera" Strada degli Eroi). La pendenza non è mai eccessiva, tale da permettere una camminata non faticosa. In origine la strada serviva infatti a portare in quota i mezzi militari, che non riuscivano a superare pendenze molto importanti. Non vi sono problemi di orientamento in quanto il sentiero è uno e non ci si può sbagliare: lo si segue dal bivio sulla SS46 fino al Rifugio Papa. All'unica biforcazione le indicazioni da seguire sono chiarissime. Premesso quanto detto all'inizio, pur essendo un percorso a tratti "impressionante" per i precipizi e per l'asprezza del paesaggio, può essere percorso da chiunque abbia una minima preparazione, prendendo le necessarie precauzioni. Numerosi sono i tornanti che fanno del tracciato una serpentina che si inerpica su per la montagna. Nella parte iniziale si passa attraverso una fitta boscaglia, che lascia poi il posto, man mano che si sale, ad ampie distese innevate.

Alpini sul Pasubio durante la Grande Guerra

Fin dai primi tornanti notiamo la bellezza del paesaggio circostante: di fronte le belle montagne ricoperte di fitti boschi e verso est i netti contorni rocciosi del Carega. Cominciamo a considerare l'importanza storica del percorso. Questi luoghi sono stati definiti "Sacri alla Patria" con Regio Decreto del 1922, poco dopo la fine della Grande Guerra. Ripensiamo a quanto abbiamo letto della guerra di trincea, della difficoltà disumana per costruire dei sentieri nella roccia, delle sofferenze patite dai soldati nei rigidi inverni di guerra. Sembra che proprio l'inverno del 1917 fosse, ironia della sorte, uno dei più rigidi che si ricordassero, rendendo la vita dei soldati un inferno.

Ci tornano a mente le atmosfere simili ben descritte nei loro libri da Hemingway e Rigoni-Stern. Rivediamo i soldati vestiti dei loro pesanti pastrani bagnati o ghiacciati, con gli scarponi immersi nel fango, la pioggia incessante... Rivediamo le colonne di militari risalire questo sentiero tirando e spingendo con l'aiuto dei muli pesanti cannoniere, carri, mezzi

Una delle gallerie del percorso

militari, scivolando nella neve e sul ghiaccio...
Continuiamo la salita e sotto di noi già osserviamo con compiacimento i metri di dislivello superati: in basso il percorso si snoda lungo numerosi tornanti come un serpente che si ritaglia uno spazio in mezzo ai boschi. Ancora uno sforzo e notiamo in lontananza la prima galleria: la curiosità di arrivarvi libera energie insperate e, nello spazio di pochi minuti giungiamo alla galleria d'Havet. È il punto di partenza dell'originaria "Strada degli Eroi", quella scavata dai soldati italiani durante la guerra. Ci soffermiamo a leggere le targhe e le incisioni sul fronte della galleria. È la storia che parla. Attraversiamo la galleria senza ciaspole al buio facendo molta attenzione al ghiaccio che qui sotto persiste anche in primavera e autunno. All'uscita dalla galleria il paesaggio cambia radicalmente: spariscono le candide distese di neve, per lasciare posto alla cruda roccia. Tutto ad un tratto è un paesaggio d'alta montagna. Gli strapiombi sulla destra sono davvero impressionanti. Le numerose targhe a memoria dei caduti rendono l'atmosfera ancora più "da brividi". Facciamo molta attenzione a dove mettiamo i piedi: un passo falso sul ghiaccio potrebbe costare caro.

Tutto l'insieme, dai panorami, alla storia, ma anche e soprattutto alle emozioni che ci crescono dentro attraversando questi luoghi, rendono questo bel percorso un itinerario speciale, diverso da una semplice escursione in montagna. In quest'ultimo tratto il sentiero è più pianeggiante ma il fondo è molto più impervio. Lo spettacolo che ci si presenta ci fa dimenticare la fatica e procediamo guardando costantemente di qua e di là, attratti da mille spunti: il panorama, le

gallerie nella roccia, le targhe poste in memoria degli "Eroi". In lontananza già scorgiamo la meta, il Rifugio Papa, dove ci fermeremo a mangiare qualcosa al sacco (il Rifugio è chiuso) prima di iniziare la discesa.

Prima di giungere al Rifugio dobbiamo superare gli ultimi due tornanti con successivo rettilineo, molto più ripido dei precedenti. Giunti al Rifugio non perdiamo troppo tempo anche perché il freddo è intenso. Dopo pochi attimi di contemplazione riprendiamo la via del ritorno. Per questioni di sicurezza cerchiamo i passaggi meno impervi, tenendoci il più possibile sulla destra, verso la montagna, per evitare di passare troppo vicini al bordo del precipizio... Ripassiamo sotto alle gallerie e poi percorriamo la lunga fila di tornanti che ci riportano al punto di partenza di Pian delle Fugazze.

5.

Il percorso in breve

Luogo di partenza: **Passo Coe (m 1610) sopra Folgaria, al confine tra le Province di Trento e Vicenza**

Altitudine: **tra 1550 m e 1750 m**

Distanza: **varie piste da km 2,5-5-7,5-10-15**

Dislivello: **vari tra i 0 e i 200 m**

Tempo di percorrenza: **da 30 min. a 4 h**

Difficoltà: **bassa**

Punti di appoggio: **nessuno tranne presso la partenza**

Passo Coe

Popolarissimo tra gli amanti dello sci di fondo per essere uno tra i migliori anelli anche per fondisti molto esigenti, Passo Coe si trova a oltre 1600 metri di altitudine a cavallo tra le Province di Trento e Vicenza. Raggiungibile in breve tempo dalle principali città del Triveneto, è anche relativamente sicura per quanto riguarda la "tenuta" della neve. Il percorso che proponiamo sfrutta come riferimento i vari anelli che si snodano su varie lunghezze tra i 2 e i 15 chilometri.
E' chiaro che non è permesso transitare sulle piste adibite allo sci di fondo: oltre che rovinare le piste, rischieremmo di intralciare e recare disturbo ai fondisti che sopraggiungono a volte anche a velocità elevate. Ma, tenendo d'occhio le piste, potremmo percorrere un bell'itinerario senza

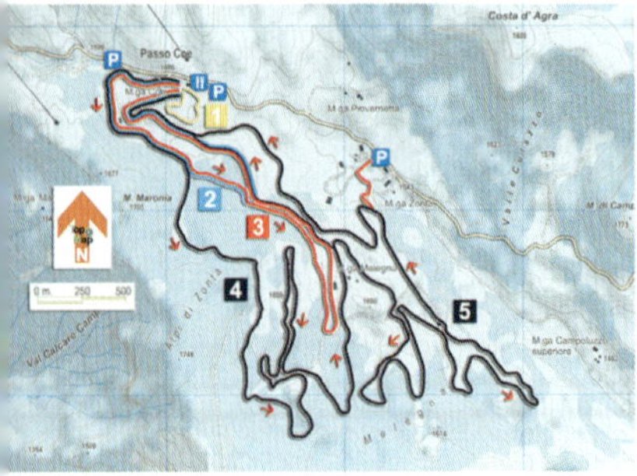

perdere l'orientamento, tenendoci a debita distanza, inoltrandoci un po' nei boschi e percorrendo le distese innevate a destra e a sinistra del tracciato. Inoltre, quando la stagione dello sci di fondo è arrivata alla fine per insufficienza di neve, e quando le piste non vengono più battute con le ciaspole potremmo percorrere senza problemi le piste ormai non più praticabili con gli sci. Solitamente ciò sarà possibile per tutto il mese di aprile e fino ai primi giorni di maggio.

Come giungere al luogo di partenza

Passo Coe è situato a cavallo tra le Province di Vicenza e Trento. Provenendo da Sud (Verona, Mantova) e Nord (Bolzano, Trento): uscire al casello autostradale sull'A22 di Rovereto Nord e seguire le indicazioni per Trento. All'abitato di Calliano seguire per Folgaria, indi per Passo Coe. Provenendo da Est (Vicenza, Padova): percorrere tutta l'autostrada della Valdastico fino a Piovene Rocchette e poi seguire per Arsiero e Tonezza. Infine seguire per Rovereto.

Distanze da:

Bolzano	km 94
Trento	km 44
Verona	km 104
Mantova	km 134
Brescia	km 144
Vicenza	km 65
Padova	km 104
Treviso	km 115
Venezia	km 143
Belluno	km 120

Il percorso

Partiamo dal parcheggio lungo la strada poco prima dell'Osteria Coe. Calziamo le ciaspole e prendiamo come riferimento la baita degli alpini che troviamo sulla destra. Le passiamo accanto e svoltiamo quindi a sinistra. Ci troviamo in un giardino botanico visitabile durante l'estate: ora non lo riconosciamo, se non per la recinzione in legno che lo delimita. Continuiamo sulla destra della pista da fondo, ai bordi del bosco. Dopo aver percorso una discesa di 300 metri e dopo una curva a destra arriveremo ad un bivio ove dovremo decidere la distanza che vorremo percorrere (le opzioni sono ben segnalate da cartelli) . Fin'ora abbiamo percorso ca. un chilometro. Svoltando a sinistra percorreremo ca. 5 chilometri, continuando

Passo Coe

dritti potremo percorrerne 7,5, 10 o addirittura 15. Continuiamo dritti, per la distanza più lunga, con la consapevolezza che la scelta sulla lunghezza del percorso è rimandata di un po': potremo decidere più avanti se tornare indietro lungo i

7,5 chilometri o continuare.

Il percorso molto vario ci porta per continui saliscendi. Dopo un breve tratto in salita in mezzo al bosco, ci si apre la visuale fino alla cima più alta, il Monte Maggio (m. 1850). E' ben visibile la grande croce metallica posta sulla cima.

Il nostro percorso non prevede di raggiungere la cima. Tra andata e ritorno ci vuole quasi una giornata intera e una discreta preparazione. Oltre al saper valutare il rischio di valanghe: il tratto di strada militare che corre sotto la cresta affacciandosi alla Valle di Terragnolo, a volte presenta rischio valanghe per l'eccessivo accumulo di neve.

Noi continuiamo quindi per il nostro percorso meno impegnativo ma non per questo meno suggestivo!

Percorsi ca. 3,5 chilometri dovremo decidere ancora se tornare per il tracciato più breve (7,5 km) o continuare per i 10 o eventualmente i 15 km. Noi ovviamente continuiamo! Ci troviamo ad una altitudine costante compresa tra i 1600 e i 1700 metri. Frequentissime sono le impronte degli animali che di notte attraversano le candide distese, a volte lasciando anche altre tracce ben visibili nella neve... Senza rendercene

conto in questa zona attraversiamo più volte il confine tra Trentino e Veneto. Tra continui sali-scendi e tenendoci sempre a debita distanza dalle piste da fondo, a volte incrociandole solo per attraversarle, raggiungiamo un gruppo di tipiche malghe in pietra tra le quali Malga Melegna.
Poco dopo raggiungiamo l'ultimo bivio (siamo all'incirca arrivati all'ottavo chilometro): un cartello indica a destra la pista dei 15 chilometri, mentre procedendo dritti si torna al luogo di partenza con meno di 2 km.

Seguendo il tracciato più lungo iniziamo una marcata discesa di oltre un chilometro che ci porterà ad una altitudine attorno ai 1500 m. Rientriamo quindi per un tratto nel bosco in piano, per poi iniziare la lunga risalita verso Passo Coe. Sulla destra riconosciamo Malga Zonta, teatro di un eccidio nazista del '44 nel quale persero la vita 17 partigiani vicentini che proprio nella Malga avevano trovato rifugio. Più avanti la tetra ex base Nato, con i suoi capannoni in metallo verde. Con un ultimo tratto di salita ripida ci riportiamo al bivio dei 15 km. Da qui in meno di 2 chilometri quasi tutti da percorrere in piano, ritorniamo al punto di partenza.

6.

Il percorso in breve

Luogo di partenza: **Pemmern-Parcheggio degli impianti di risalita**

Altitudine: **tra 1530 m e 2270 m**

Lunghezza percorso: **14 km**

Dislivello: **740 m**

Tempo di percorrenza: **6 h**

Difficoltà: **medio/bassa**

Punto di appoggio: **Rifugio Corno di Sotto (2044 m)**
Tel. 0471 356371

CORNO DEL RENON

Il cielo con un dito

Il Renon è un altopiano che ben vale una visita anche per chi viene da lontano. Si estende a nord di Bolzano lungo i confini con la la Val Sarentino a ovest e la Val d'Isarco e est. Fino ad una altitudine di 7-800 metri è interamente coperto di vigneti, ottimamente disposti in ordinate terrazze al sole. Più su, tra i 1000 e i 1300 metri di altitudine, si estende un vasto altipiano molto apprezzato per la villeggiatura estiva.

La nobiltà bolzanina e i facoltosi uomini d'affari vi avevano costruito le loro belle residenze estive agli inizi del secolo scorso: degna di nota ancora oggi la bella architettura che richiama i caratteri asburgici. Gli sport invernali vengono praticati ancora più in alto: il punto di ritrovo per tutti, sciatori con gli sci larghi, stretti e per i ciaspolatori è la stazione di partenza dell'ovovia a Pemmern, situata ad una altitudine di 1530 m. Avremo la possibilità di scegliere tra numerosi percorsi di diverse lunghezze e difficoltà. Partendo a piedi da qui affronteremo oltre 800 m di dislivello per giungere sul Corno del Renon (m. 2260). In alternativa potremmo salire a bordo dell'ovovia fino alla stazione intermedia (m. 1800) o fino al "Corno di Sotto" (m. 2020).

Come giungere al luogo di partenza

Il luogo di partenza è fissato al parcheggio dell'ovovia di Pemmern. Vi si giunge con un viaggio di ca. 20 minuti e 20 km da Bolzano (uscita al casello dell'Autostrada A22 di Bolzano nord) percorrendo la strada del Renon che parte da località Rencio, situata subito a nord della città. Con numerosi tornanti, passando per i paesi di Auna di Sotto e Collalbo (il capoluogo), si giunge a Pemmern dopo aver superato un dislivello di ben 1300 metri.

Distanze da:

Bolzano	km 20
Trento	km 72
Verona	km 175
Mantova	km 207
Brescia	km 214
Vicenza	km 230
Padova	km 210 *(via Valsugana)*
Treviso	km 210 *(via Valsugana)*
Venezia	km 252
Belluno	km 128

Lo Sciliar

Il percorso

Passando accanto al ristorante Pemmern cominciamo a salire seguendo la pista degli slittini, abbastanza larga per camminare ai bordi e farli sfrecciare accanto a noi. Camminiamo in mezzo a una folta foresta di abeti. La salita è a tratti impegnativa. Dopo ca. 1,5 km di salita usciamo dal bosco e cominciamo a costeggiare per un tratto la pista di discesa. Al km 3 giungiamo alla stazione di mezzo dell'ovovia. Siamo già ad una altitudine di 1800 metri e la neve è tanta. Riuscia-

Vista dal Corno di Renon

mo comunque a camminare agevolmente sfruttando i margini battuti della pista da sci. Continuiamo fino a quando da questa sulla sinistra si stacca una stradina, anche essa percorsa da sciatori. Seguiamo questa stradina sempre tenendoci ai bordi della pista. Dopo altri 2 km giungiamo in una conca dalla quale diparte lo skilift per la cima della montagna (Corno del Renon).

Da qui la cima si presenta con la forma tonda di un panettone, ora completamente assente di vegetazione (siamo infatti già oltre i 2000 m. di altitudine!). Tenendoci sul tracciato riservato appositamente per le ciaspole a sinistra dello skilift che sale fino alla cima, affrontiamo l'ultimo, impegnativo tratto di salita che, con altri 250 m. di dislivello, ci porta al Corno del Renon. Avremo così percorso 7 km e ben 800 m. di dislivello.

Dalla cima godremo di un panorama a 360 gradi sulle catene montuose dei dintorni: ad ovest riusciremo a vedere le impressionanti cime del ghiacciaio dell'Ortles, ad est le cime dolomitiche, a nord le cime austriache delle Alpi dello Stubai e del Zillertal e a sud l'Adamello e la Presanella. Una vista che ci ripagherà in pieno della fatica per arrivare in cima.

Il rifugio del Cai posto proprio in cima è chiuso d'inverno ma troveremo un altro piccolo rifugio che ci offrirà il necessario ristoro prima di iniziare la discesa che ci riporterà al punto di partenza.

7.

Il percorso in breve

Luogo di partenza: **Cesuna-Altopiano di Asiago-Parcheggio pista da fondo e ciaspole**

Altitudine: **1052 m**

Lunghezza percorso: **3,5 km - 6 km**

Dislivello: **0**

Tempo di percorrenza: **1 h - 1,30 h**

Difficoltà: **nessuna**

Punto di appoggio: **centro fondo e ciaspole di Cesuna**
ciaspole@centrofondocesuna.it Tel. 347.430.0225

ALTOPIANO DI ASIAGO

Cesuna: circuito di prova per aspiranti ciaspolatori

L'Altopiano di Asiago viene spesso descritto come il paradiso dei fondisti. Sicuramente quanto di meglio ci sia per questo sport in Italia e forse al livello dei migliori centri del nord Europa. Come abbiamo già avuto modo di sottolineare, l'estrema somiglianza tra la camminata con le ciaspole e lo

sci di fondo, fa si che si possa quindi in egual modo parlare di Asiago come di un paradiso per i ciaspolatori.

Qui l'amante delle camminate nei boschi potrà trovare una vastissima scelta di percorsi, dal più semplice e "sicuro" al più estremo e faticoso.

Come giungere al luogo di partenza

Distanze da:

Bolzano	km 129
Trento	km 79
Verona	km 110
Mantova	km 150
Brescia	km 178
Vicenza	km 49
Padova	km 84
Treviso	km 104
Venezia	km 115
Belluno	km 97

Da tutte le provenienze (tranne Trento e Treviso): percorrere l'Autostrada della Valdastico fino alla fine (Piovene Rocchette), poi seguire per "Asiago", quindi per Gallio e poi Campomulo. Da Trento: percorrere la S.S.47 della Valsugana in direzione "Padova" fino a Levico Terme. Poi svoltare a destra in direzione di "Asiago". Da Treviso: prendere la S.R. 53 fino a Castefranco Veneto, poi seguire per Bassano e indi per Trento. Presso l'abitato di Valstagna si comincia la salita verso l'altipiano di Asiago.

Il percorso

L'importanza che in questi ultimi anni ha acquisito il fenomeno della camminata con le ciaspole ha fatto sì che molti centri finora dedicati esclusivamente allo sci di fondo abbiano "ripensato" la formula dell'offerta al pubblico inserendo anche la possibilità di percorrere tracciati "ad-hoc" per chi si voglia cimentare con le racchette da neve. E' questo il caso per esempio di Cesuna (altitudine 1032 m) sull'Altipiano di Asiago, tempio mondiale dello sci di fondo. Qui si trova una pista riservata esclusivamente alle ciaspole. Nei pressi della pista si possono anche noleggiare ciaspole e bastoncini per chi ne fosse sprovvisto.

Una pista come questa è chiaramen-

te adatta a chi voglia passare qualche ora all'aperto in uno splendido scenario senza la necessità di doversi documentare sul percorso e senza il potenziale rischio di non trovare le corrette indicazioni. Senza dimenticare chi non è attrezzato fisicamente per percorsi "liberi" che comunque possono sempre presentare qualche imprevisto. Può anche essere l'occasione per chi ne abbia la curiosità, di affacciarsi per la prima volta alla pratica delle ciaspole (attrezzatura compresa).

Da Cesuna quindi, con ciaspole ai piedi, si può scegliere tra due diversi percorsi da 6 o 3,5 chilometri.

Il percorso "rosso" dei 6 chilometri attraversa i campi innevati nei dintorni di Asiago e si sviluppa praticamente in piano.

Più facile ancora è il percorso "blu" di soli 3,5 chilometri adatto a chi volesse affrontare il tracciato con bambini.

Non servono in questa sede particolari indicazioni in quanto i percorsi sono adeguatamente segnalati.

Altopiano di Asiago

8.

Il percorso in breve

Luogo di partenza: **Passo delle Fittanze (Verona) m. 1399**

Altitudine: **tra 1399 m e 1765 m**

Distanza: **18 km**

Dislivello: **366 m**

Tempo di percorrenza: **da 3,5 h**

Difficoltà: **bassa**

Punti di appoggio: **Malga Lessinia (m. 1616 Tel. 045 7075327)**
Rifugio Castelberto (m. 1765 Tel. 045 5116652)

MONTI LESSINI

Da Passo delle Fittanze al Rifugio Castelberto

I Monti Lessini portano dentro qualcosa di "antico". Tutte le volte che mi capita di percorrere (in mountain-bike, con gli sci di fondo o semplicemente "a piedi") questi luoghi, inconsciamente immagino di essere in un luogo del passato.

In effetti, la Lessinia è il primo promontorio per chi viene da Sud. La prima opportunità per godere del fresco d'estate

Passo delle Fittanze

e per poter praticare gli sport sulla neve d'inverno. In epoche non recenti, quando i mezzi di comunicazione e anche le possibilità economiche non erano quelle di oggi, il turista pensava anche a risparmiare quelle poche decine di chilometri che gli avrebbero permesso di raggiungere le località dolomitiche più rinomate. Capitava quindi spesso che il mantovano e il veronese decidessero di dirigersi verso la montagna "più vicina". La Lessinia quindi. Fino a una trentina di anni fa, il turismo era una attività di primaria importanza in Lessinia. Luoghi come Bosco Chiesanuova o San Giorgio diventavano, nei periodi di feste e vacanze (ma anche nei fine settimana), il ritrovo degli amanti della montagna e si animavano di vita e di luci. Con l'apertura delle autostrade e più in generale con il boom economico, a partire dagli anni 70 il turismo ha cominciato a preferire

luoghi più lontani ma con una maggiore offerta di strutture sportive e ricettive. E la Lessinia è come se si fosse fermata ad allora... A rafforzare questa sensazione di antico, le tipiche case con pure i tetti ricoperti da lastre in pietra, i recinti e i muretti ancora dello stesso materiale, i nomi dei paesi e delle contrade (un eccezionale ed isolato rimasuglio dell'antico tedesco, il cimbro) che ci fanno sentire lontani da casa.
È per questo che l'amante della montagna e degli sport ed attività meno "invasive", come appunto la camminata con o senza ciaspole, può trovare in Lessinia l'ambiente adatto a soddisfare le esigenze di chi cerca pace e tranquillità.

Come giungere al luogo di partenza

Passo delle Fittanze si raggiunge salendo dalla Strada Statale 12 del Brennero poco prima dell'abitato di Ala (provenendo da Sud) e seguendo le indicazioni per Sega di Ala. In alcuni tratti, soprattutto nel tratto finale, la salita è ripidissima (20% di pendenza). Il luogo di partenza è raggiungibile anche partendo dalla città di Verona e salendo i Lessini in direzione di Grezzana ed Erbezzo.

Distanze da:

Bolzano	km 113
Trento	km 63
Verona	km 37
Mantova	km 100
Brescia	km 109
Vicenza	km 91
Padova	km 115
Treviso	km 171
Venezia	km 146
Belluno	km 175

Il percorso

Il percorso qui proposto parte dal Passo delle Fittanze (m. 1399) e si snoda lungo quella che una volta era una pista esclusivamente dedicata ai fondisti. Lasciata la macchina nell'ampio parcheggio, calziamo le ciaspole e iniziamo la camminata sul sentiero che parte sulla sinistra della baita in legno che ospita un piccolo bar. Impossibile non notare, nei pressi del parcheggio, il monumento costruito dagli Alpini in memoria dei caduti di tutte le guerre.

Esattamente nel luogo dove ci troviamo e dove oggi passa il confine tra il Trentino e il Veneto (Provincia di Verona), meno di un secolo fa passava il confine tra Italia e Austria. E come anche in tanti altri luoghi, pure qui durante la Grande Guerra ebbe luogo la logorante guerra di trincea che costò la vita a tantissimi combattenti di entrambe i fronti.

Seguiamo il tracciato che in questi ultimissimi anni è diventato soprattutto un percorso per ciaspolatori. Dopo ca. un chilometro più o meno in piano, iniziamo la salita. Dopo 5 km giungiamo a Malga Lessinia (altitudine m. 1616), ottima possibilità per rifocillarci. Il percorso continua in salita in mezzo a vaste distese di neve. Sono del tutto scomparsi gli alberi e ci si presenta ora il tipico paesaggio dell'Alta Lessinia, che d'inverno e ricoperto di neve sembra un paesaggio lunare. Bellissimo il panorama: la vista spazia dalla Valle dell'Adige da una parte alla Pianura Padana dall'altra. Stiamo ora camminando quasi

sul crinale della montagna. Poco dopo Malga Lessinia giungiamo al “Bivio per Castelberto”.
Qui abbandoniamo la pista della Translessinia che continua per Podesteria e San Giorgio, per continuare a sinistra verso Castelberto.
Giunti al Rifugio di Castelberto, fedele ricostruzione di una ex caserma della Prima Guerra Mondiale, ci troviamo, ad un’altitudine di 1765 m., all’estremità nord della catena montuosa dei Lessini. Durante l’inverno il rifugio offre ospitalità e ristoro dal venerdì al lunedì fino alle h. 17.30 (chiuso per tutto il mese di novembre). La vista da qui è notevole, spaziando dalla Val d’Adige a Ovest alle cime del Pasubio (a nord) e del Carega, per arrivare a sud ovest sulla Valpolicella e fin sul Lago di Garda.
Torniamo al luogo di partenza seguendo a ritroso il percorso dell’andata.

Panorama sui Lessini

9.

Il percorso in breve

Luogo di partenza: **Sant'Urbano, sopra Toscolano Maderno (BS)**

Altitudine: **tra 870 m e 1581 m**

Dislivello: **710 m**

Lunghezza percorso: **km 13**

Tempo di percorrenza: **4 h**

Difficoltà: **bassa**

Punto di appoggio: **n/d**

MONTE PIZZOCCOLO

Ciaspolate con vista Lago

Se il Lago di Garda e il suo entroterra sono conosciuti dal turismo internazionale per le bellezze naturali, architettoniche, per il fascino dei suoi paesini affacciati sullo specchio d'acqua, meno conosciute sono, soprattutto d'inverno, le montagne che lo circondano.

Eppure, un'escursione sui monti a est o a ovest del Lago di Garda offre spettacoli mozzafiato. Chi ha provato, ciaspole ai piedi, ad attraversare campi innevati di neve fresca, ben conosce quella sensazione di leggerezza, quasi di euforia che ci coglie per il fatto di superare quella legge di gravità che nor-

Il lago da Monte Pizzoccolo

malmente (senza quel largo appoggio sotto ai piedi) ci farebbe arrancare sprofondati nella neve. Questa sensazione è massima quando, ad accompagnare la soddisfazione dell'ascesa vi è una vista straordinaria, di quelle che aprono il cuore: questo è ciò che accade a chi sale sulle cime dei monti affacciati sul Garda. L'itinerario proposto è molto facile, articolandosi su mulattiere e sentieri ben segnalati.

Come giungere al luogo di partenza

Per giungere a Sant'Urbano bisogna arrivare a Toscolano Maderno, località raggiungibile in ca. mezz'ora di macchina dall'uscita autostradale di Desenzano o di Brescia Est dell'Autostrada A4 Milano-Venezia. Provenendo da nord, si percorre la Gardesana Occidentale da Riva del Garda, dopo essere usciti dall'Autostrada A22 del Brennero a Rovereto Sud. Prima del ponte all'ingresso di Toscolano (da sud) seguire le indicazioni per Vigole-Sanico: si sale per una strada asfaltata molto ripida. Dopo un po' seguire le indicazioni per Sant'Urbano, dove parcheggeremo la macchina.

Distanze da:

Bolzano	km 146
Trento	km 96
Verona	km 96
Brescia	km 41
Mantova	km 122
Vicenza	km 143
Padova	km 175
Treviso	km 222
Venezia	km 206
Belluno	km 201

Il percorso

Lasciata la macchina al comodo piazzale di Sant'Urbano (altitudine m. 870), ci incamminiamo sul sentiero n.23 salendo per il "Dosso del Barbio". Vista la modesta quota della località di partenza, il percorso con ciaspole ai piedi fin da Sant'Urbano è possibile solo dopo importanti nevicate. Altrimenti sarà necessario per qualche tratto salire con ciaspole in spalla finchè la neve non ci permetterà di calzarle. Passata località Navazzini, la strada attraversa un folto bosco di castagni.

Attraversando la Valle del Poiano, passiamo ora dal Dosso del Barbio al Dosso delle Prade. Gradatamente si esce

dalla vegetazione per giungere alla sommità del crinale del Dosso delle Prade. Passata cascina Marchetti, proseguiamo sul sentiero n. 5 che poi forma alcuni tornanti. Continuiamo a salire: attorno a noi la vegetazione è sempre più rada. Rimanendo sul sentiero segnalato come n. 5 giungiamo alla Via di Valle e poi, in meno di 30 minuti,

alla croce posta sulla sommità del Monte ad una altitudine di 1581 m. Da qui una spettacolare vista su quasi tutto il Lago di Garda, sul Monte Baldo, sulla Pianura Padana. Poco sotto la sommità, una chiesetta dedicata ai caduti della guerra e della montagna. Ritorniamo al punto di partenza per la via dell'andata.

10.

Il percorso in breve

Luogo di partenza: **Malga San Giorgio, sopra Bosco Chiesanuova (Vr)**

Altitudine: **tra 1498 m e 1680 m**

Dislivello: **200 m**

Lunghezza percorso: **11 km**

Tempo di percorrenza: **2,5 h**

Difficoltà: **bassa**

Punto di appoggio: **Rifugio Podestaria (m 1680) Tel. 0457050839**
Aperto durante i fine settimana

MONTI LESSINI

Da San Giorgio sul percorso della Translessinia

Uno dei percorsi più suggestivi ed interessanti per una bellissima uscita con le ciaspole è costituito dal sentiero tracciato proprio sul crinale dei Monti Lessini e che ne delimita l'estensione verso nord: la Translessinia. Molto conosciuto dagli amanti dello sci di fondo d'inverno e dai ciclisti d'estate, i più preparati tra i quali non hanno difficoltà a percorrerla tutta in un senso e nell'altro (in totale sono 38 chilometri), questo classico percorso si presta ad essere frazionato in più parti per essere percorso anche con le ciaspole ai piedi.

Come giungere al luogo di partenza

Il luogo di partenza è fissato presso Malga San Giorgio (m. 1498), frazione posta ad una decina di chilometri da Bosco Chiesanuova, il "capoluogo" della Lessinia. Da San Giorgio partono i pochi impianti rimasti per la pratica dello sci alpino: collegano la località con la cima del Monte Tomba. San Giorgio è anche il punto di partenza delle piste di sci da fondo. La località della Lessinia è raggiungibile da Verona in poco più di mezz'ora, seguendo le indicazioni per Bosco Chiesanuova.

Distanze da:

Bolzano	km 144
Trento	km 94
Verona	km 40
Mantova	km 90
Brescia	km 118
Vicenza	km 84
Padova	km 116
Treviso	km 153
Venezia	km 146
Belluno	km 165

Il percorso

Lasciata la macchina ai parcheggi di Malga San Giorgio, calziamo le ciaspole e ci immettiamo sul sentiero che conduce verso il Rifugio Podesteria (O "Pedestaria". Sul rifugio stesso il nome è indicato in due modi: con la "A" e con la "E"). Facciamo sempre attenzione a percorrere i sentieri dedicati ai pedoni e alle ciaspole e non le piste da fondo! Dopo il breve tratto iniziale

Malga San Giorgio con il Monte Tomba sulla sinistra

Il percorso nei pressi del Rifugio Podestaria

in piano cominciamo la salita che dopo un po' diviene costante e a tratti ripida. Camminiamo ai bordi della pista da fondo, che faremo attenzione a non rovinare. Dopo ca. 3 km la salita ci da tregua e percorriamo un tratto in piano fino al km 3,5 quando ci troveremo a passare accanto al Rifugio Podestaria, raggiungibile con una breve deviazione di 100 metri dal percorso principale. Il Rifugio si trova ad un'altitudine di 1680 m. e rappresenta un'opportunità per una breve sosta ristoratrice. Il rifugio è infatti sempre aperto, sia in estate che in inverno (durante l'inverno solo nei fine settimana). Continuiamo sul sentiero principale e al km 4 ci troveremo praticamente sulla linea di confine tra Veneto e Trentino. Ci godiamo uno splendido panorama a nord sulla valle sotto di noi che scende fino ad Ala e sui monti di fronte (il Pasubio su tutti). Verso sud, in una giornata di bel tempo la vista spazierà fin sul Lago di Garda. Siamo proprio in cima al crinale ed esposti ad un forte vento dal quale qui non vi è riparo: è necessario quindi premunirsi con adeguato abbigliamento. Percorsi altri 2 km ci troveremo ad una bivio: prendiamo il sentiero sulla sinistra e continuiamo a camminare in piano in mezzo a candide distese di neve. Siamo ormai oltre metà del nostro percorso (km 6). Percorriamo gli ultimi chilometri in piano e poi in discesa prima di passare da località Branchetto e tornare al nostro punto di partenza di Malga San Giorgio.

11.

Il percorso in breve

Luogo di partenza: **Rifugio Campomulo (m 1530) Gallio Altopiano di Asiago**

Altitudine: **tra 1500 m e 2000 m**

Dislivello: **vari, a seconda dei percorsi scelti**

Lunghezza percorso: **40 km di tracciati dedicati esclusivamente alle ciaspole**

Tempo di percorrenza: **vari**

Difficoltà: **vari livellii**

Punto di appoggio: **Rifugio Campomulo (m 1530)Tel. 0424.445115**

ALTOPIANO DI ASIAGO

Gallio-Campomulo: ciaspolate in paradiso

Situato in una zona particolarmente favorevole per qualità e quantità delle precipitazioni e per la tenuta della neve, l'Altipiano di Asiago è la perla dello sci nordico.

Senza eguali per quanto riguarda organizzazione e mantenzione delle piste, vastità dell'offerta, e bellezza del paesaggio, il territorio di Gallio-Campomulo, si è ben attrezzato per far fronte al recente fenomeno delle ciaspole. Sono ben 40 i chilometri appositamente preparati e battuti per gli amanti di questa pratica. Il luogo offre addirittura la scelta tra piste battute e piste lasciate con neve fresca, che danno il massimo godimento a chi le percorre. Queste ultime partono da Rifugio Moline, piuttosto lontano dal parcheggio della base di Rifugio Campomulo: per i ciaspolatori è perciò

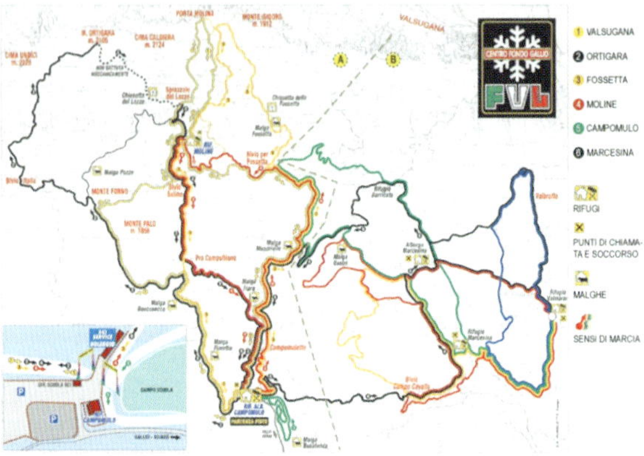

disponibile un servizio di collegamento con motoslitte. Di ottimo livello anche i servizi di contorno (rifugi, alberghi, ristoranti). La vicinanza con l'abitato di Asiago, centro che offre qualsiasi servizio anche per l'apres-ski (o apres-ciaspola) garantisce piena soddisfazione a chi ama un tocco di mondanità anche durante la vacanza in montagna.

Come giungere al luogo di partenza

Da tutte le provenienze (tranne Trento e Treviso): percorrere l'Autostrada della Valdastico fino alla fine (Piovene Rocchette), poi seguire per "Asiago", quindi per Gallio e poi Campomulo. Da Trento: percorrere la S.S.47 della Valsugana in direzione "Padova" fino

Distanze da:

Bolzano	km 118
Trento	km 68
Verona	km 130
Mantova	km 168
Brescia	km 196
Vicenza	km 75
Padova	km 100
Treviso	km 91
Venezia	km 132
Belluno	km 85

a Levico Terme. Poi svoltare a destra in direzione di "Asiago". Da Treviso: prendere la S.R. 53 fino a Castefranco Veneto, poi seguire per Bassano e indi per Trento. Presso l'abitato di Valstagna si comincia la salita verso l'altipiano di Asiago.

Nome percorso *(partenza da Rif.Campomulo)*	**Lunghezza**	**Difficoltà**	**Tempo di percorrenza**
Percorso Moline	7,5	Molto alta	2h
Variante Taverle	2,8	Medio-alta	45'
Variante Campofilone	1,8	Medio-alta	30'
Percorso M. Longara M. Baldo	5	Media	1h 30'
Altare Papa Woytila	1,8	Bassa	30'
Osservatorio militare della Grande Guerra	2,3	Bassa	40'
Meimerle	5	Media	1 h 30'
Ortigara Via Lozze *(da Rif. Moline)*	4	Medio-alta	1 h 20'
Ortigara Via Val dell'Agnella *(da Rif. Moline)*	4,2	Alta	1 h 25'
Cima Caldiera *(da Rif. Moline)*	4,5	Media	1 h 30'

Il percorso

Siamo nei boschi, nella natura di Mario Rigoni Stern: « *Il momento culminante della mia vita non è stato quando ho vinto premi letterari, o ho scritto libri, ma quando la notte dal 15 al 16 sono partito da qui sul Don con*

70 alpini e ho camminato verso occidente per arrivare a casa, e sono riuscito a sganciarmi dal mio caposaldo senza perdere un uomo, e riuscire a partire dalla prima linea organizzando lo sganciamento, quello è stato il capolavoro della mia vita... » (da “Sergente della neve”).

Questi sono i luoghi amati dal grande scrittore, dei quali decantava gli odori, i colori, i grandi spazi. Credeva in un mondo in cui i valori delle genti di montagna avrebbero insegnato a tutti il rispetto e il sogno di ritrovare nella natura

l'equilibrio di un rigore morale e di una speranza nella vita. Ha ragione il grande scrittore: attraversare questi luoghi, le infinite distese di neve candida, ascoltare il "rumore" silenzioso della natura, degli animali, insomma "sintonizzarsi" con la natura, ricrea il nostro equilibrio con il mondo.

Qui ben poco possiamo dire per fornire indicazioni all'appassionato di camminate con le ciaspole: i percorsi sono perfettamente segnalati. Una volta scelto il percorso (vedi specchietto qui sopra), a seconda delle personali caratteristiche, chi si mette in marcia non avrà difficoltà ad orientarsi. Ottima la possibilità di poter scegliere tra piste battute (tipo pista da sci di fondo: quindi più facili da percorrere) e piste lasciate con la neve allo stato naturale. Specie subito dopo abbondanti nevicate qui la "ciaspolata" sarà particolarmente emozionante.

12.

Il percorso in breve

Luogo di partenza: **Pescul (m 1415) - Val Fiorentina (Bl)**

Altitudine: **tra 1750 m e 2320 m**

Dislivello: **535 m**

Lunghezza percorso: **7 km**

Tempo di percorrenza: **2 h**

Difficoltà: **media**

Punto di appoggio: **Rifugio Fertazza (m 1839) Tel. 0437 720291**
Rifugio Belvedere (m 2080) Tel. 328 0107238

VAL FIORENTINA

Il fascino delle Dolomiti

La Val Fiorentina (o Valle di Selva di Cadore), è uno dei luoghi che meglio permette di godere dello spettacolo delle Dolomiti, montagne talmente straordinarie da essere entrate da poco nella lista dei luoghi tutelati dall'Unesco quale Patrimonio Mondiale dell'Umanità. Storicamente la Valle era una delle dieci "Centene" (comunità rurali, introdotte nella Contea sotto la dominazione dei Franchi a partire dal 771) del Cadore.

La valle è dominata dai massicci del Monte Pelmo (3.168 m) e del Civetta (3.220 m), ma è ben visibile anche il ghiacciaio della Marmolada.

Curiosità:

- la denominazione "Fiorentina" nulla ha a che vedere con Firenze. Essa fa riferimento all'attività di estrazione del ferro che in passato avveniva in questi luoghi;
- la lingua parlata dagli abitanti della Val Fiorentina è una derivazione del ladino in uso nelle vicine valli altoatesine.

Come giungere al luogo di partenza

Distanze da:

Bolzano	km 195
Trento	km 144
Verona	km 239
Brescia	km 278
Mantova	km 268
Vicenza	km 160
Padova	km 166
Treviso	km 119
Venezia	km 149
Belluno	km 59

Pescul, la piccola frazione di Selva di Cadore da cui partiamo per questo percorso, è situata a 1415 m di altitudine in fondo alla Val Fiorentina ai piedi del Monte Pelmo e dista poco meno di 4 chilometri dal capoluogo Selva. Provenendo dalle città del nord est (Venezia-Padova-Treviso-Belluno), al termine dell'Autostrada A27 si continua sulla statale 551 in direzione Cortina per qualche chilometro per poi svoltare a sx sulla provinciale 251 in direzione Forni di Zoldo. Bisognerà salire al Passo Staulanza, che collega la Val Fiorentina con la Val Zoldana e poi ridiscendere dall'altro versante. Da questa direzione Pescul sarà la prima frazione della Val Fiorentina che incontreremo. Parcheggiamo la macchina nel parcheggio degli impianti di risalita.

Il percorso

L'obiettivo di questo percorso è arrivare in alto per godere

della vista su alcune delle più belle cime alpine, tra cui il Civetta. Saliamo quindi sul Monte Fertazza che ha l'altezza adeguata allo scopo (m 2100). In fondo al parcheggio degli impianti di risalita di Pescul prendiamo la stradina che, passando attraverso il bosco, con un percorso di ca. 4 km e mezzo ci conduce al Rifugio Fertazza (m. 1839). Avendo a questo punto già percorso oltre 400 m. di dislivello in salita, potremo profittare del Rifugio, aperto anche d'inverno e, gustare alcune delle tipiche specialità del luogo. Continuiamo quindi in salita in direzione di Rifugio Belvedere (m. 2080). In meno di un'ora giungiamo al Rifugio (i più stanchi potranno profittare della seggiovia per percorrere l'ultimo tratto fino alla meta) da cui godremo di una spettacolare vista sui Monti Pelmo e Civetta. Voltando il nostro sguardo verso sud-ovest vedremo l'abitato di Alleghe.

Ritorniamo al luogo di partenza di Pescul camminando in discesa lungo i bordi della pista da sci.

13.

Il percorso in breve

Luogo di partenza: **Recoaro 1000 Impianti di risalita per Monte Falcone**

Altitudine: **tra 1019 m e 1200 m**

Parcheggio: **ca. 1000 posti a Recoaro Mille**

Lunghezza percorso: **18 km**

Difficoltà: **bassa**

Durata: **4-5 h**

Ristoro/pernottamento: **buone strutture**

RECOARO MILLE

Il Sentiero dei Grandi Alberi

A poca distanza da Vicenza e ad una altitudine piuttosto limitata, l'area de "Le Montagnole" è una piccola perla a disposizione degli escursionisti e dei fondisti vicentini e non solo. Caratteristica ne è la vicinanza con la pianura veneta e nello stesso tempo con le Piccole Dolomiti, che le fanno da corona, custodendo a lungo le precipitazioni nevose del piccolo altopiano, soggetto ad un regime di precipitazioni tra le più alte d'Italia. Camminando in questi luoghi, l'escursionista ha la possibilità, di godere del panorama sulle sovrastanti pareti del Gruppo del Carega, del Sengio Alto, del Pasubio e delle altre montagne dell'alto Vicentino. Punto di forza di questo itinerario è la vicinanza ad alcune grandi città del Nord-Est, cosa che rende possibile agli

escursionisti di quei centri una uscita anche solo di qualche ora durante i giorni feriali. E gli appassionati sanno quanto apprezzabile sia una tale possibilità. Nella Piana di Recoaro 1000 si sviluppa un percorso curato e descritto dalla Comunità Montana e dal Comune di Recoaro detto "Sentiero dei Grandi Alberi". Esso si sviluppa in piano e con qualche salita su una distanza di ca. 15 chilometri. Una serie di pannelli didattici forniscono interessanti informazioni sul luogo. Facile l'orientamento vista la presenza della pista da fondo lungo tutto il percorso da Recoaro 1000 fino a Malga Rove.

Come giungere al luogo di partenza

Da tutte le provenienze (tranne Trento e Belluno): uscire dall'Autostrada A4 Serenissima al casello di Montecchio e percorrere la SP246 in direzione di Valdagno. Poi proseguire in direzione di Recoaro. Dopo circa 5 chilometri, arrivati alla frazione San Quirico, girare a sinistra in direzione di Recoaro Mille. Con ca. 8 chilometri si

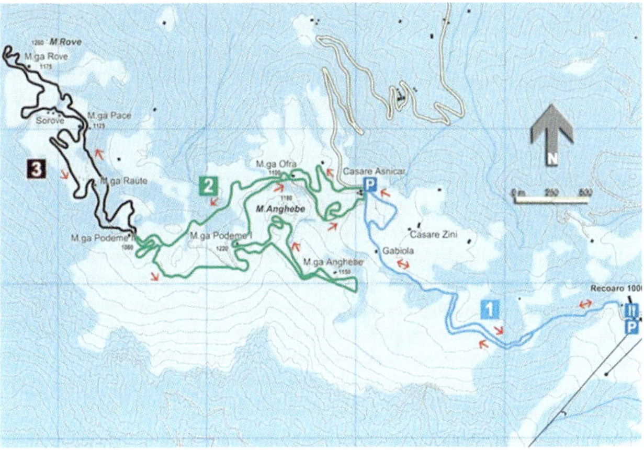

raggiunge un vasto parcheggio dove si potrà lasciare la macchina. Da Trento: uscire dal casello dell'autostrada A22 a Rovereto Sud e poi seguire verso Schio percorrendo la Vallarsa. Giunti a "Valli del Pasubio" seguire per Recoaro Terme, poi per Valdagno. In località San Quirico svoltare a destra in direzione Recoaro Mille.

Distanze da:

Bolzano	km 141
Trento	km 86
Verona	km 78
Padova	km 80
Venezia	km 115
Treviso	km 136
Vicenza	km 46
Brescia	km 145
Mantova	km 117
Belluno	km 136

Il percorso

Sfruttando i tracciati delle piste da fondo, che si sviluppano su una distanza totale di oltre 25 chilometri, con le ciaspole si può seguire le piste, tenendosi a debita distanza per non rovinarle. In questo modo avremo la certezza di trovare la direzione giusta e di camminare su terreno sicuro.

Partiamo da Recoaro 1000 nel luogo presso la partenza della seggiovia che sale ai 1600 metri del Monte Falcone. Ci incamminiamo seguendo la strada comunale fino al Passo della Gabiola. Dopo una breve discesa ci troviamo sul pianoro di Seebese. Proseguiamo passando a sinistra della tipica contrada "Casare Asnicar". Si tratta di un gruppo di case dal tipico tetto spiovente e suggestivi vittoli tra una casa e l'altra. Continuiamo in direzione di Malga Ofra (detta anche Malga Morando), altra tipica costruzione utilizzata per l'alpeggio dei bovini nella stagione estiva da cui si gusta un bellissimo panorama (m 1100). In questo punto entriamo nella zona delle cosiddette "Piccole Dolo-

miti". Sono costituite di "dolomia", da cui il loro nome. Sono dette "piccole", proprio perché di altezza inferiore rispetto alle Dolomiti, loro sorelle maggiori (la cima più alta è quella del Carega, m. 2259). All'occhio, la conformazione rocciosa con guglie, pareti scoscese e ripide gole, le "Piccole Dolomiti" si presentano come le Dolomiti vere. Procediamo ora in discesa e per un tratto in falsopiano fino ai ca. 1000 m di altitudine di Malga Raute. Ci inoltriamo quindi nel bosco fino a Malga Percole Pace. Quindi un tratto in salita e di nuovo discesa verso Valle Sorove, per poi immettersi nuovamente in un bosco e arrivare in prossimità di Malga Rove. Siamo ora nel punto più lontano da Recoaro Mille, nostro punto di partenza. Possiamo tornarvi per la strada più breve, percorrendo all'incirca la stessa distanza oppure allungare di ca. 5 chilometri, sfruttando sempre la presenza delle piste da fondo, deviando fino ai 1150 m di Malga Anghebe.

Dall'inizio alla fine, il paesaggio attraversato non è mai monotono, presentando sempre scorci e panorami diversi, ora con vedute su boschi incantati, ora su distese di campi innevati, ora su una tipica malga in pietra.

Monte Baldo visto dalla Val d'Adige

14.

Il percorso in breve

Luogo di partenza: **Pian delle Fugazze, strada per Camposilvano**

Altitudine: **tra 1160 m e 1460 m**

Dislivello: **390 m**

Lunghezza percorso: **12 km**

Tempo di percorrenza: **3 h**

Difficoltà: **bassa**

Punto di appoggio: **Rifugio Campogrosso (m 1464) Tel. 0445 75030**

LE PICCOLE DOLOMITI

Da Pian delle Fugazze al Passo di Campogrosso

Il percorso che andremo ad affrontare si trova nella zona di confine tra il Trentino e il Veneto, precisamente la Provincia di Vicenza o se vogliamo, lungo il vecchio confine tra Italia e Austria. Proprio qui, durante la Grande Guerra ebbero luogo aspri combattimenti tra le forze italiane e austriache ferme nelle trincee per mesi e mesi. A rendere l'idea della durezza delle azioni basti ricordare che la

morfologia stessa di questi monti (in particolar modo del Pasubio) subì variazioni tra il "prima" e il "dopo" l'evento bellico per via degli incessanti bombardamenti. E in termini di vite umane la guerra fu costosissima. A testimoniarlo, i

numerosi monumenti ai caduti e gli Ossari della zona.

Impossibile quindi non incontrare durante una camminata in questi luoghi una qualche testimonianza di quei tempi. Molte delle strade che ancor oggi si percorrono furono costruite per dare accesso alle truppe, ai carri e ai mezzi militari (la "Strada degli Eroi" ad esempio, che sale dal Pian delle Fugazze fino ai quasi 2.000 m. del Rifugio Papa o la stessa strada che da Recoaro sale al Passo di Campogrosso). Dato che per poter trasportare i mezzi, spesso trainati da animali, la pendenza non poteva essere eccessiva, questo tipo di strade sono l'ideale per la pratica di sport invernali quali lo sci di fondo (si pensi ad Asiago, che su queste caratteristiche delle sue strade ha costruito il proprio centro fondo facendolo diventare un paradiso) o appunto, per le camminate sulla neve con o senza ciaspole.

L'altitudine di poco superiore ai 1.000 m rende il Pian delle Fugazze un luogo ideale quale partenza per numerose escursioni sulla neve: già abbastanza elevato per garantire la presenza di neve, ma non troppo per rendere eccessivamente difficoltoso o impedire l'accesso alle autovetture. Un'escursione in questi luoghi ha poco da invidiare alle più blasonate località dolomitiche. L'atmosfera che ci avvolge, i colori, i panorami, anche i boschi sono molto simili. Con la differenza di essere veramente molto più vicini alle grandi città del nord est, tale da permettere facilmente l'escursione di un mezza giornata.

Come giungere al luogo di partenza

Distanze da:

Bolzano	km 108
Trento	km 55
Verona	km 103
Padova	km 91
Venezia	km 123
Treviso	km 107
Vicenza	km 50
Brescia	km 157
Mantova	km 131
Belluno	km 135

Pian delle Fugazze si trova a metà strada tra Rovereto e Schio, due cittadine di dimensioni simili divise da una montagna e da un Passo di 1.100 m di altezza. Venendo da Bolzano, Trento, Verona, Mantova e Brescia, si esce al casello di Rovereto sud. Giunti ai limiti della città, si segue per "Vallarsa" e Vicenza. La strada è stretta e con molte curve. Per chi viene da Vicenza e dalle altre città del Nord Est, è bene percorrere l'Autostrada della Valdastico fino all'uscita di Schio/Thiene e poi seguire le indicazioni per Schio. Da qui, seguire per Rovereto.

Il percorso

Si parte da Pian delle Fugazze (m 1163), dal parcheggio in prossimità della strada che porta a Camposilvano, poco prima del confine regionale arrivando dal versante di Rovereto. Iniziamo a camminare sulla strada Provinciale per Camposilvano che diparte sulla destra. Dopo poche centinaia di metri imbocchiamo sulla sinistra la strada forestale per Campogrosso (Strada delle Sette Fontane). Siamo in mezzo ad un fitto bosco di faggi, larici ed abeti e la camminata è agevole in quanto il fondo del sentiero è battuto e le nostre ciaspole non affondano nella neve. Rimaniamo sempre sulla strada forestale, ben distinguibile perchè battuta da molti ciaspolatori che ci hanno preceduto. Ad un certo punto il bosco comincia a diventare sempre meno fitto fino a quando ci troveremo in una radura. Ampie distese di neve si presentano ai nostri occhi. Non abbiamo comunque problemi ad orien-

tarci in quanto la pista è sempre ben battuta. Proseguiamo con una salita regolare e poco ripida e passiamo per Località Sette Fontane (m 1317).

Davanti a noi il massiccio del Monte Cornetto e della sua catena, detta del Sengio Alto. Sulla nostra destra potremo invece ammirare le “Piccole Dolomiti Vicentine”, come viene nominata la catena del Carega. E da questa prospettiva ne comprendiamo bene il motivo: grande la somiglianza con le “Dolomiti” vere e proprie. Quando giungiamo all’incrocio con la strada asfaltata (SP 99) che sale da Recoaro Terme, siamo già in prossimità del confine con la Provincia di Vicenza. Tenendo la sinistra sulla Provinciale, dopo poche centinaia di metri giungiamo al Rifugio Campogrosso (m 1464). Il Rifugio è aperto tutto l’anno e ci permette una sosta anche per mangiare. Al ritorno prendiamo per un pezzo la stessa strada dell’andata finchè non incrociamo sulla destra il sentiero 13 per Malga Boffetal. Ci incamminiamo su questo sentiero e in poco tempo giungiamo alla malga (m 1435), formata da diversi edifici inclusa la stalla, tutti destinati all’alpeggio degli animali durante la stagione estiva. Prendiamo quindi il sentiero che diparte proprio dietro la malga e ci dirigiamo verso un fitto bosco di faggi. Dopo un pò il sentiero incrocia Strada Sette Fontane che ci riporterà sulla Provinciale per Camposilvano e quindi al punto di partenza di Pian delle Fugazze.

15.

Il percorso in breve

Luogo di partenza:	**Passo degli Oclini (m 2000)**
Altitudine:	**tra 1989 m e 2010 m**
Dislivello:	**180 m**
Lunghezza percorso:	**km 9**
Tempo di percorrenza:	**h 2,5**
Difficoltà:	**bassa**
Punto di appoggio:	**Malga Isi Tel. 348 810 86 94**

PASSO DEGLI OCLINI

Da Passo degli Oclini a Passo Cugola

Un posto da veri intenditori di montagna: Il Passo degli Oclini ("Jochgrimm" in tedesco) con i suoi "due corni", il Corno Bianco a nord e il Corno Nero a sud. Pur essendo poco conosciuto alle masse, ha molto da offrire agli sciatori e agli escursionisti. Situato proprio

sul confine tra le Province di Trento e Bolzano (ma in territorio di quest'ultima), a pochi chilometri da Cavalese, offre buone piste per lo sci alpino, ottime piste per lo sci di fondo (collegato con il centro fondo di Lavazè, uno dei migliori centri dell'arco alpino) ed eccezionali possibilità di escursioni con le ciaspole. L'altitudine di ca. 2000 metri rende la località una delle più sicure per quanto riguarda la presenza di neve. Il panorama quassù è eccezionale: siamo nella zona del Latemar, dove al tramonto si può assistere allo straordinario spettacolo dell'enrosadira, le rocce dei monti che si colorano di rosa. A differenza di altre località più rinomate della zona, l'atmosfera qui è tranquilla e rilassante, senza la tipica ressa creata dagli sciatori della domenica. Aggiungiamo infine anche l'atmosfera e l'ospitalità delle tipiche malghe sudtirolesi: un ottimo modo per concludere in relax una giornata passata sulla neve.

Come giungere al luogo di partenza

Passo degli Oclini si trova ad una altitudine di m 1989 in Provincia di Bolzano. Da quest'ultima città, si percorre la Val d'Ega e, al bivio per Passo Costalunga e il Lago di Carezza, si segue a destra per Passo di Lavazè/Cavalese. Arrivati a Lavazè, si prosegue a destra in salita per pochi chilometri. Per provenienze da Sud (Trento, Verona, Mantova, Brescia), si consiglia di uscire al casello autostradale di Egna/Ora e di percorrere la Val di Fiemme fino a Cavalese.

Distanze da:

Bolzano	km 31
Trento	km 82
Verona	km 172
Padova	km 215
Venezia	km 235
Treviso	km 208
Vicenza	km 179
Brescia	km 208
Mantova	km 200
Belluno	km 99

Il percorso

L'itinerario, abbastanza facile per essere percorso da tutta la famiglia, parte dal parcheggio dell'albergo di Passo Oclini e si dirige verso Sud, verso il Corno Nero quindi. Imbocchiamo il sentiero ben segnalato che porta alla "Isi-Hütte" (Malga Isi, accogliente ambiente tutto in legno in tipico stile altoatesino). Questa si raggiunge con 1,5 km di camminata in leggera discesa ed è situata proprio alla partenza della seggiovia che porta gli sciatori quasi in cima al Corno Nero (il monte è alto 2439 m). Dalla malga (altitudine 1850 m) continuiamo a camminare in piano sulla strada forestale segnalata con la lettera "K" e il n. 14. Ben presto la strada si trasforma in un sentiero che attraversa un bellissimo bosco. L'ultimo tratto per arrivare al Passo Cugola (m 1930) sarà in leggera salita. Da qui godremo di un bellissimo panorama sulla catena del Lagorai. Siamo qui a metà del nostro percorso (km 4,5). Proseguiamo seguendo il sentiero contrassegnato sempre con il n. 14 e sempre in salita. In meno di un chilometro raggiungeremo la quota più alta del percorso

Passo degli Oclini

(m 2010) e proseguiremo poi in leggera discesa. Ad un certo punto incroceremo la pista da discesa che scende dal Corno Nero verso la Isi-Hütte. Attenzione quindi agli sciatori! Già siamo in vista di Passo degli Oclini, che raggiungeremo in meno di mezz'ora.

Se, al termine di questa camminata abbiamo ancora energia e voglia di "ciaspolare", possiamo divertirci a percorrere uno dei tanti sentieri che accompagnano le piste di sci da fondo che portano dapprima a Passo Lavazè (m 1800), distante 3,5 chilometri. Da qui avremo una vastissima scelta di percorsi di varia lunghezza e difficoltà che attraversano questi meravigliosi boschi.

Il Corno Bianco

Una delle più suggestive leggende delle Dolomiti, spiega perchè queste montagne, al tramonto si tingono di rosa.

Secondo questa leggenda, sul Catinaccio (in lingua locale "Rosengarten" cioè "giardino di rose"), laddove oggi si intravvede fino a primavera inoltrata una grande chiazza di neve racchiusa in una sorta di catino, si adagiava una volta il giardino di rose di Re Laurino. Questi regnava su un popolo di nani che scavava nelle viscere della montagna alla ricerca di cristalli, argento ed oro e possedeva altresì due armi magiche: una cintura che gli forniva una forza pari a quella di 12 uomini ed una cappa che lo rendeva invisibile.
Un giorno il re dell'Adige decise di maritare la bellissima figlia Similde e per questo motivo invitò tutti i nobili del circondario ad una gita di maggio, tutti tranne Re Laurino. Questi decise allora di partecipare comunque, ma come ospite invisibile.
Quando sul campo del torneo cavalleresco ebbe modo di vedere Similde, colpito dalla sua stupenda figura, se ne innamorò all'istante, la caricò in groppa al suo cavallo e fuggì a spron battuto.
I combattenti si lanciarono subito all'inseguimento per riportare indietro Similde, schierandosi in breve davanti al Giardino delle Rose. Re Laurino allora indossò la cintura, che gli dava la forza di dodici uomini e si gettò nella lotta.
Quando si rese conto che nonostante tutto stava per soccombere, indossò la cappa e si mise a saltellare qua e là nel giardino, convinto di non essere visto. Ma i cavalieri riuscirono ad individuarlo osservando il movimento delle rose sotto le quali Laurino cercava di nascondersi. Lo afferrarono, tagliarono la cintura magica e lo imprigionarono.
Laurino irritato per il destino avverso, si girò verso il Rosengarten, che lo aveva tradito e gli lanciò una maledizione: nè di giorno, nè di notte alcun occhio umano avrebbe potuto più ammirarlo. Laurino però dimenticò il tramonto e così da allora accade che il Catinaccio, sia al tramonto sia all'alba, si colori come un giardino di ineguagliabile bellezza.

NOTE

NOTE

Stampato nel mese di Dicembre 2012
presso Grafiche Busti - Colognola ai Colli - VR